Die Sprache der Engel

Gedichte

Bianka von der Heide

„Für meinen oder meine
Lieben Schutzengel"

Titelbild
Bianka von der Heide
Stukenbrock

Alle Rechte liegen beim Autor
Herstellung: Books on Demand GmbH

ISBN 3-8311-1127-8

Die Sprache der Engel

...hat mit Verständnis,
Verstehen zutun,
mit Anpassung
und auch keinem Vertun,
mit Liebe
und viel Geduld,
mit Wahrheit
und keiner Schuld...

Lyrische Dichtung (Lyrik) Epigramm (Sinngedicht)

Engel

Man vermisst sie ständig
auch wenn man's nicht immer bemerkt,
so sich ein Hilferuf,
in einem selbst bergt,
ist man trotzdem,
im Wachen ihrethalben beständig.

Engel erwachen stet im Sterben,
um menschliche Seelen zu bergen,
sie richten sie auf,
unsichtbar zuhauf,
tun alles üble an ihnen verbergen.

O, wie wundervoll
ist's doch im Erdensein,
wenn Engel uns bewachen,
so sanft und fein,
sie behüten und umsorgen
unsre' Seelen,
bleiben stets warmherzig im Sein,
und rein.

Engel wissen mehr und weniger,
als wir erwarten,
sie sind voller Sanftmut,
und sinnvollen Taten,
Ihr Dasein ist,
ein unstetes Auf und Ab
und auch Raten,
sie wissen,
dass wir sie ersehnen,
und sehnsüchtig warten...

Lyrische Dichtung (Lyrik) Epigramm (Sinngedicht)

Engel fliegen fort, und sind dabei stetig vor Ort.

Mein Herz friert,
mein Herz trauert,
mein Herz bedauert,
wonach die Welt giert.

Doch die Engel
der Heiligkeit,
bemerken die weltliche
Seichtigkeit,
bereiten mit lauterer
Leichtigkeit weich,
die Wege,
welch der Himmel
seit Anbeginn bot -
und das engelgleich.

Sie sind als Boten
der Liebe gesandt,
als heilvolle Helfer
uns Sterblichen
zugewandt -
sind sie beschäftigt
und hilfreich,
gleichwie auch,
im irdischen Weltreich.

Lyrische Dichtung (Lyrik) Elegie

Das Salz der Engel

Ach bittersüßes Himmelsweinen,
deine Tränen versiegen,
beginnen zu keimen,
machen die weite Welt wieder grün
denn gesund,
und kehren zurück,
zu ihrem Ursprung.

Sie steigen hinauf,
bilden ein reines, weißes Heim,
welches ergraut
und sich wandelt,
wie süßer Saft sich zu herben Wein.

Wenn der Regen fällt,
wohlan sich die Welt,
fortdauernd durch die Tränen des Himmels
erhält...

Lyrische Dichtung(Lyrik) Elegie

„Engelsflügel sind spürbar unantastbar und unsichtbar"

Jene Flügel die Engel tragen,
erscheinen zart und filigran,
doch nehmen sie dich
schützend in den Arm,
sie sind stark
deine Last mitzutragen.

Engelwesen können
mit ihren Flügeln,
irdischen Schmerz
und Schrecken
auffangen,
wer an sie glaubt,
kann Trost empfangen,
auch sammeln sie sanft
und sorgsam,
Seelenscherben ein,
bergen sie,
machen sie heil
im Sein.

Lyrische Dichtung (Lyrik) Epigramm [Sinngedicht]

Engel-Wonne

So warm,
wie ein angenehmer Sonnengruß,
so schön,
wie sinnlich süßer Liebesgenuss,
ist die Begegnung
mit einem Engel,
keinesfalls ein Verdruss.

Sie fliegen mit Leichtigkeit fort,
und auch zu mir und dir
in den Arm,
erzählen uns dann
von einem anderen Ort.

Engel fühlen und wissen
um des Menschen Harm und Gram,
sie halten uns immer,
behalten uns lieb,
und halten uns warm.

Ihr Feuer ist am brennen,
sobald sie Ängste
in uns erkennen.

Engel beobachten uns
ohne zu urteilen -
liebevoll und warm,
sie wachen über uns wonnesam.

Lyrische Dichtung (Lyrik) Epigramm (Sinngedicht)

Engel sind so wunderbar

Engel sind so wunderbar,
grüßen dich ,
von fern und nah,
sind immer für dich da,
stellen sich dir wundersam dar.

Was Engel nicht mögen

Was Engel nicht mögen,
mag auch ich nicht,
wohin ihre Tränen tapfer zögen...,
ist noch nicht in Sicht...

Himmelsboten

Vor allem Übel gefeit,
sind sie stet,
unerschütterlich bereit zu dienen,
dem Himmlischen Herrn allezeit,
seine Botschaften zu überbringen,
von weit her, so weit...

Engel beschützen und behüten uns -
wohl wunderbar,
ihre Augen,
sind nie trüb nur klar,
sie sind aus der Wahrheit,
was sie sagen ist wahr.

Unheil halten sie fern - im Grunde
....,
sie sind mit dem Ewigen Heil im Bunde.

Lyrische Dichtung (Lyrik) Epigramm (Sinngedicht)

Engelsheil

Heilige Engel
der „Heiligen Höhen",
bewahren, bewachen,
der Liebe
Reinheit und Glanz.
Bescheren der Menschheit,
der Hoffnung ihrethalben,
viel viel
Segen und Glück.
Beschützen das Heil
der Seelen;
das Seelenheil
der Kinder Gottes.
Bewohnen und bereichern,
die unendlich'
Heiligen Himmel,
der weiten,
wunderschönen Ewigkeit...

Lyrische Dichtung (Lyrik) Ode

Heiliger Engel

Mein heiliger Engel,
bist mir Trost,
manches Mal Rätsel.
Bist mir ein leuchtend' Licht,
und ein lauterer Pfad.
Bist mir ein Freund
und ein Geleit,
in dieser bitterkalt',
eisigen Erdenwelt.

Lyrische Dichtung (Lyrik) Ode

Wunderwesen Engel

So sagenhaft mystisch,
so seltsam mythisch,
so sinnlich selig,
sind Engel ewig.

Sanftes, wunderliches Wesen,
bist immer gewesen...,
sanftmütig und gesund,
ist deine Kund'...

„An Engel zu glauben, ist kein Zwang, aber ein schöner, religiöser Anfang"

Es ist kein Muss,
an Engel zu glauben,
das harte Muss ist:
sich nicht zu erlauben,
die Engel des Heils,
magisch und mythisch
zu erleben,
die beständig bereit bleiben,
Unrecht unsererseits
zu vergeben.

Lyrische Dichtung (Lyrik) Epigramm (Sinngedicht)

„Menschliches Empfindungsvermögen -
bezüglich der Engel"

Engel sind uns wahrhaft
wohlgesonnen,
das verspüren wir mit
Wonnen,
wenn wir uns unwohl
fühlen,
sie in unserem Herzen
rühren.

Sie erkennen
woran wir leiden,
tun sich nicht
daran weiden,
Engel helfen
der Seele auf,
und streicheln
sanfte Salbe drauf.

Lyrische Dichtung (Lyrik) Xenie (Satirisches Sinngedicht)

„Hoch und Heilig"

Der Himmel ist mir
hoch und heilig,
„Glaube" ist wichtig,
nicht scheinheilig
und langweilig.

Wesentlich ist „Gott"
und seine „große Liebe",
er legt schon
uns Menschenkindern,
Schutzengel mit in die Wiege.

Engelsparadies

Grün und groß
und auch bunt,
das Paradies der Engel
ist gesund,
ist voll Fröhlichkeit -
Stund' um Stund' -

Es macht die Herzen
so satt,
so sehr geheimnisvoll
und keine Minute matt,
das Paradies
ist beseelt von Charme,
macht Herzen weich,
weit und warm.

Lyrische Dichtung (Lyrik) Lied

„Himmelsweinen"

Wenn Wasser vom Himmel
prasselt,
etwas in meinem Herzen
rasselt,
dann fühle ich
die Traurigkeit,
der Engel
in der Ewigkeit.

Wenn himmelhoch
alle traurig weinen,
„Gott"
und all die „Seinen",
dann ist die Welt dunkel,
voll von tragischen,
magischen Engelsgemunkel.

Lyrische Dichtung (Lyrik) Elegie

Die Musenhaften Engel

Sie begleiten mich,
beim Ausleben
meiner Persönlichkeit,
und helfen mir,
auf den Suchpfaden
Wahrheit.

Sie geleiten mich,
durch mein endliches
Lebensbestreben,
aber auch,
zu meinem mysteriösen
und unendlichen
Lebenssegen.

Sie sind tapfer
und auch treu,
triebhaft am trösten,
nah da,
und trotzdem sehr scheu,
sie sind so sanft,
ganz ohne Harm,
löblich lieb,
halten mich
mysteriös warm.

Lyrische Dichtung (Lyrik) Epigramm (Sinngedicht)

Engel der Freude

Wenn wir auf Erden glücklich werden,
dann freuen sich die Engel mit;
selbst dann wenn wir auf Erden sterben,
begegnen sie uns freudig fit.

Lyrische Dichtung (Lyrik) Epigramm (Sinngedicht)

Schützende Geschöpfe

Engel schützen uns allenthalben,
schenken uns wie Schwalben,
Freude und auch Wärme,
Engel sind meine Schwärme.

Lyrische Dichtung (Lyrik) Xenie (Satirisches Sinngedicht)

Mein Schutzengel

Mein Schutzgeist ist ein
besorgter Begleiter,
der mich schützt im Leid,
er ist mein Geleit,
und das schon seit:
dem Anbeginn meiner schönen
und auch schweren Erdzeit.

Er steht meiner Seele
ständig zur Seite,
führt mich durch
jede Schwierigkeit,
ganz gleich ob nah..,
ob weit..,
ob kurz, ob lange Zeit.

Schon oft konnte ich
seine Existenz erahnen,
erfühlen,
diese esoterische Inspiration
lässt, ließ, ließe mich,
sprühend in meinem wandelbaren
Seelenhaushalt wühlen.

Mein Schutzengel kümmert
und sorgt sich um mich,
er hat mich lieb,
wie ich dich...,
(bleibt mein großes Geheimnis)
und das nicht nur im Angesicht
des „Heiligen Lichts";
doch manchen Tags' vergess' ich's.

Epische Dichtung (Epik) Essay

Weltoffene, weiche,
weite Engelsherzen

Weiche, weite Engelsherzen,
die uns gut tun,
manchmal unsertwegen schmerzen,
warmherzig und wunderbar,
sanft und auch tolerant,
nur stet dem Guten -
niemals dem Bösen zugewandt,
so sind die Engel des Lichts
auf die alle Menschen hoffen,
die schwer vom Leid getroffen...

Lyrische Dichtung (Lyrik) Epigramm (Sinngedicht)

Wachsame Wesen

Ein Engel ist ein:
„Waches Wesen",
und rein,
in seinem ganzen Sein,
liebevoll,
fürsorglich,
schmetterlingsflügelfein.

Lyrische Dichtung (Lyrik) Epigramm (Sinngedicht)

Schlummer...

In uns schlummert still,
so Gott es will,
ein Gefühl für Engelszauber,
warm und ohne Schauder.

Lyrische Dichtung (Lyrik) Epigramm (Sinngedicht)

Wunder

Wunder sind alles
und auch gar nicht nichts,
sind des Himmels
Ruhm und Lichts,
weise Engel,
wissen über uns bescheit,
sind stet allzeit
für uns bereit.

Sie wandern durch
unsere Seelen hindurch,
durch unsere Herzen,
ganz ohne Furcht,
sie verstehen uns,
haben uns lieb,
bestrafen uns nie,
mit keinem Hieb...

Lyrische Dichtung (Lyrik) Xenie (Satirisches Sinngedicht)

... wie die Engel
in der Heiligkeit

Des Nachts im Schlafe,
träumte ich vom Paradiese,
und von der ganzen Himmelspracht,
als dort ein Bach,
so wie ich's oft hörte...,
aus Milch und Honig ward gemacht.
Engel sangen frohe Lieder,
das berührte mein Herz,
meine Seele, wieder und wieder.
Schmetterlinge,
so schön wie lebendige Blumen,
beflogen, beflügelten,
beflatterten mich.
dann taumelt- und kuschten sie sich,
sowie ein buntes Windspiel,
in feiner Formation;
hin und wieder erklang ganz leise,
ein lieblich süßer Ton.
Engel verwandelten sich Vorort:
in ebenso sehr schöne Wesen,
und mit den sanften Schmetterlingen,
spielten sie sanft hinfort:
süßlich und belesen...

Lyrische Dichtung (Lyrik) Elegie

Monden- und Sonnenwinde

Haben wir große Zuversicht,
dann hat Gott großartige,
gütige Augen und ein -
durch Nächte und Tage,
nicht veränderliches,
warmes Gesicht.

Seine Engel warten dann,
dass wir sie rufen irgendwann,
wenn sie in unsere sehnsüchtigen
Herzen sehen,
und einfühlsam auf uns eingehen.

Engelsbegehren

Es ist ein Engelsbegehren,
dass wir selig werden,
dass wir im Sterben,
gänzlich neu geboren werden...

Lyrische Dichtung (Lyrik) Epigramm (Sinngedicht)

Süße Sensualität

Wir empfinden eine ehrliche,
sowie süße Sensualität,
wenn unserer Seele Sinn,
drakonisch danach strebt,
wodurch reichlich
geistiger Reiz,
uns genügend bewegt,

sehr streng besteht auch
ein Engel darauf,
wenn süß sein Balsam
warm uns auf,
der Seele Straße streichelt -
zart und zuhauf.

Stilles Einschlummern

Manchmal kommt der Tod,
still und ohne Not;
süß ist solches Brot,
der Todesengel leises Lot.

Lyrische Dichtung (Lyrik) Epigramm (Sinngedicht)

Eine Engelschar - warm wiewohl wunderbar !!!

Weit über alle Wolken,
des zeitlichen Eozän - Elans,
und über das Blau
des zuweilen
fließenden Himmelsozeans,
bemerk' ich ihren
gloriosen Glorienschein,
ihren verklärten
Gesang und Tanz,
im Schlafen und im Träumen,
... ganz,
so himmlisch
wie ein Strahlenkranz,
so finde ich sie also dar,
die große
vorörtlich - vorgöttliche
Glorie -
gänzlich nah
und auch wunderbar,
samt ihrer
glorreichen Engelschar.

Lyrische Dichtung (Lyrik) Lied

Engelsreinheit

Engelsherzen sind so rein,
wie eine unberührte Blumenwiese,
sind so kostbar,
wie jeder sprühende Stern
des allumfassenden Universums,
und auch so rein,
wie warme Milch mit Honig fein.

Gott und die Engel

Gott und die Engel,
sind einander nah,
auch immer für uns da,
selbst für freche Bengel.

Lyrische Dichtung (Lyrik) Xenie (Satirisches Sinngedicht)

Himmelhochjauchzendes Heil

Das Heil das die Seele erfährt,
wird durch heilvolle Engel beschert,
die standhaft und verwegen,
innere Stärke an uns weitergeben.

Lyrische Dichtung (Lyrik) Epigramm (Sinngedicht)

Einer für alle

Die Engel des Lichts
dienen ihm,
gläubige Lebewesen
loben und lieben ihn,
Gott ist für uns alle da,
lobpreisen wir ihn
und rufen halleluja!,
wie alle lauteren Lichtwesen -
unermesslich wunderbar,
immens engelgleich,
engelhaft,
und auch immerdar...

Lyrische Dichtung (Lyrik) Lied

Engelsmund tut Wahrheit kund

Sie sprechen zu uns:
durch Licht und Liebe,
durch Glück und Unglück,
durch heilsame Hiebe;
die Herbe der Menschheit,
brächte sie zum Schweigen,
wenn vor der Herbheit
sie sich würden
feige verneigen...

Epische Dichtung (Epik) Essay

Engel sind warm

Sie sind herzensgut,
machen mir Mut,
haben heilvollen Charme,
Engel sind warm.

Engel geben nicht auf

Engel geben niemals auf;
senden der Erde die Engelswelt,
allein,
selbander,
und auch zuhauf...,
sind guten Menschen gewogen,
fühlen sich
von schlechten Menschen
betrogen,
belogen...

Lyrische Dichtung (Lyrik) Epigramm (Sinngedicht)

Engel und Menschen

Die Engel und die Menschen!,
manchmal sind sie so verschieden!,
wir haben sie so oft gemieden!,
wir haben sie zu oft belogen!,

und immer noch,
sind sie uns Suchenden gewogen!

Lyrische Dichtung (Lyrik) Elegie

Engelsentwicklung

Wie Engel sich entfalten,
ist nirgendwo
nieder-schriftlich enthalten,
im bisherig-gänzlichen Eozän,
ist davon kein Erwähn'.

Vanille Orchideen

Eine Gewürz-Vanille,
ist ein Engelswille...
So blumig,
warm und weich zugleich.

Vanilleschoten beflügeln
unsere triebhaften Sinne,
sinnlich, sanft
und voller Gewinne,
bestehend aus
weicher Würze Charme,
eine Vanille-Trance,
wundervoll warm.

Lyrische Dichtung (Lyrik) Epigramm (Sinngedicht)

Die Liebe eines Engels

...ist wie ein warmes Umarmen,
wie ein ständig
erneuerndes Erbarmen,
wie ein traulich
heilkräftiger Händedruck.
und eine Utopie-Reise,
gleichwie Seelenschmuck...

Lyrische Dichtung (Lyrik) Epigramm (Sinngedicht)

Engelsgaben

An den Gottgesandten,
gedeihlichen Engelsgaben,
dürfen wir uns
unversehens laben,
sie helfen,
trösten,
ja retten,
sprengen alle Ängste
und Ketten.

Lyrische Dichtung (Lyrik) Epigramm (Sinngedicht)

Engel sind uns wohlgesonnen

Engel sind uns wohlgesonnen,
beglücken uns mit wahren Wonnen,
welche uns gut -
besser bestens bekommen,
dermalen können wir wahrlich
frommen...

Lyrische Dichtung (Lyrik) Epigramm (Sinngedicht)

Schutzgeist mein

Mein Schutzgeist,
ich hoffe du ahnst und weißt
wiesehr ich bei dir Schutz
und Geborgenheit suche,
bei dir heilvolle, warme
Liebe buche,
in Not nach deinen Händen
flehend suche,
deinen Mut mir borg',
um geborgen zu sein,
um nach selig süßen Sphären
zu frommen...,
mit Wonnen - dein und mein.

Lyrische Dichtung (Lyrik) Elegie

Engelhaft

Engel fliegen wie der Wind,
sie sind geschickt,
sie sind geschwind.

Lyrische Dichtung (Lyrik) Epigramm (Sinngedicht)

Der Tag an dem Gott sprach

...ist schon so lang' her,
und hört doch niemals auf,
ist ein heimelig „Wahres Wort",
ein warmer, wunderschöner Engelshort

Epische Dichtung (Epik) Essay

Vanille-Blume

Köstlich duftend
nach Vanille,
ingeniös innewohnend
in Gottes blühendem Wille,
triebhaft wie ein Schmetterling,
so ist,
wie eine Vanille Blume,
warm und schön,
auch ein Engel,
ein duftes Ding.

Lyrische Dichtung (Lyrik) Epigramm (Sinngedicht)

...,denn sie kennen keine Herbheit, die sie mundtot und hilflos macht

Engel sind was wundervolles,
etwas ganz besonders tolles,
stets glauben sie an uns:
um unsertwillen hoffnungsfroh,
denken nie herb von uns,
oder roh,
schützen uns mit einer zärtlichen,
süßen Stärke,
bloß so.

Epische Dichtung (Epik) Essay

Mysteriöse Engelwesen, Engelsmystik

Geheimnisvoll in ihrem Sein,
sehen sie einfühlsam ein,
wie hilfsbedürftig wir sind,
wie traurig Trauer gelingt.

Die Gedanken
eines Engels ?!

Neigen Menschen zum Guten,
dann sind ihre Neigungen heilvoll,
und rühmlich rührend;

hingegen, neigen Menschen zum Bösen,
dann sind ihre Neigungen unselig,
und sündhaft spürend.

Epische Dichtung (Epik) Essay

Ein Engel

Fern von hier,
im weiten Garten Eden,
leben Engel,
die mit Zungen reden,
welche so süß und weich
wie Butter mit Zucker
anmuten,
im Zorn
gleichwie im Guten.

Sie verteilen Engelsküsse,
kennen keinen Harm,
in meinem Schlaf,
spür' ich sie sanft und warm,
auf meinen Wangen,
fühl' ich sie wunderbar zahm,

Engel ohne Furcht,
und düster-kalte Räume,
mich tröstlich tragen,
ins Land der Träume.

Lyrische Dichtung (Lyrik) Lied

Eine Ode an meinen Schutzengel

Als mein allerbester Freund,
bist du meinem Umfeld unbekannt,
auch kennst du mich besser
als ich dich,
ich liebe dich unbewusst.
dessen bin ich mir sicher,
ich möchte dich halten,
wie du mich gehalten hast...

Ein Engelsherz

Ein Engelsherz ist froh,
ist wahrlich nicht roh,
ist überhaupt niemals bitter,
wärmt besonders im Gewitter,
schützt bei starkem Sturm,
kraftvoll wie ein Stein im Turm.

Lyrische Dichtung (Lyrik) Epigramm (Sinngedicht)

Erlösung

Gib niemals auf,
bitte,
gib nicht auf,
das Böse das wartet
doch nur darauf,
irgendwo,
da wartet ein Engel
auf uns,
ist auch deinen Wünschen
zugetan -
in Inbrunst.

Friedensengel

Wer Hass sät,
erntet keinen Frieden;
wer Liebe sät,
ist dem ergeben:
welcher Hoffnung
in die Herzen trägt,
welcher stets fürsorglich
zu uns steht;

jener uns Glück
und Sanftmut beschert,
verwegen,
sich gegen
allem Übel bewährt;
Sanftmut und Stetheit
sind schöne Worte,
für Engel
dieser ganz besonderen Sorte.

Edelengel

Edelengel sind klug und weise,
begeben sich oft auf eine Reise:
welche tiefen Kummer beherbergt,
welche an menschliche Wünsche
werkt -
die sich im Leben ergeben,
die uns bewegen,
welches ein gewogener Segen ist,
so, dass wir sie tatsächlich erleben.

Engelsklarheit

So schön, sichtbar und auch wahr,
wie die Sonne,
allmorgendlich aufgeht,
mit Wonne,
und untergeht -
allabendlich mit magischem Scheinen,
sind die heilvollen Engel,
mit dem Himmel im Reinen,
immer und immer,
süß und sanft,
nehmen sie von uns alle Gram -
ganz warm.

Lyrische Dichtung (Lyrik) Epigramm (Sinngedicht)

Süße, sinnliche Schmetterlinge
Liebliche, halbe Engel

Schmetterlinge kommen auch
ohne Nahrung klar,
naschen nur ab und zu Nektar,
verzaubern uns
unbemerkt lieblich,
von nah und fern,
scheu und niedlich,
sind sanft,
beinah wie Daunen,
die die Luft streicheln,
und uns
in ihrer Sanftheit schmeicheln,
sie überraschen einen,
so nett und gern',
gleichwie die Engel
des herrschenden Himmelsherrn.

Lyrische Dichtung (Lyrik) Epigramm (Sinngedicht)

Engelsmühen

Sanftmütige Engel bemühen sich,
uns auf die Wahrheit vorzubereiten,
damit mein' ich dich und auch mich,
ehrliche Engel bemühen sich.

Ehrfürchtige Engel weisen dir,
den Weg zu Gott,
um uns zu zeigen,
wie sehr sie den Vater im Himmel preisen.

Lyrische Dichtung (Lyrik) Epigramm (Sinngedicht)

Paradies der Engel

Zum Paradies der Engel,
gehörte nicht 'ne Menge,
bloß ein kleiner Teil,
von Gottes großem Heil.

Lyrische Dichtung (Lyrik) Epigramm (Sinngedicht)

Die Engel Gottes

Engel begeben sich stetig weise,
auf eine weite irdische Reise,
für uns tun sie sehr viel,
erreichen immer ihr Ziel.

Die Engel Gottes lieben uns immer,
doch man kann ihre Liebe zu uns
nicht bemessen wie Raum und Zeit,
Engel verlassen uns nimmer.

Lyrische Dichtung (Lyrik) Epigramm (Sinngedicht)

Engelssonne

Die Sonne der Engel ist mild,
sie ist kein brennendes Feuer
in Gottes Bild,
sie ist nur angenehm warm und hell,
doch niemals verletzend und grell.

Lyrische Dichtung (Lyrik) Epigramm (Sinngedicht)

Engelgleich

Unsagbare Freude,
will ich an dir begehen,
unsägliches Leid,
von deinen Schultern
heilsam nehmen,
tausend schöne Gedanken,
will ich in deinen Geist säen,
mit dir den Sonnenuntergang
sinnig besehen...

Lyrische Dichtung (Lyrik) Lied

Warmer Neid

Ein guter Engel, wäre ich gern,
den Menschen nah und trotzdem fern,
könnt' helfen, fremd wär' mir Harm,
nie kalt wäre mir, nur warm.

Lyrische Dichtung (Lyrik) Lied

Auch Engel brauchen Hilfe

Wir helfen den Engeln,
wenn wir nicht verkennen,
was sie stark bewegt,
wie es um uns steht.

Und auch helfen wir,
sie sehr heilvoll hier,
wenn wir so soft,
uns helfen lassen, oft.

O Engel, ihr Lieben,
helft dem Guten in uns zu siegen,
helft eurer Welt sich uns zuzuwenden,
möge Liebe niemals enden.

Lyrische Dichtung (Lyrik) Elegie

Engel - Das heimliche Wesen, aus einer anderen Welt

Gefeit vor Gram,
im Herzen warm,
geharnischt und brav,
je nach Bedarf.

Epische Dichtung (Epik) Essay

Barmherzige Engel

Liebe Engel sind dem Licht
nicht fern,
sie leben im Licht
des himmlischen Herrn,
weilen wundervoll,
in seiner stet seligen Obhut,
sorgen stetig,
für heilvolle Herzensglut,
tun heilsame Kräfte aussenden -
und uns gut.

Lyrische Dichtung (Lyrik) Lied

Aus dem Leben
der Engel

Die raue Winterwelt,
macht Engelsflügel schmal und kalt,
O sieh' die süße Sommerzeit,
erst sie gibt ihren Flügeln
warmen Halt.

Ohne Ängste fliegen Engel,
kühn der Sonne entgegen;
und suchen bei Mondlicht,
nach dunklen Wegen.

Dort helfen sie
treu- und untreuem Leben;
wachen, beschützen und geben.

Sie halten stet Tausende Hände,
die sich ihnen entgegenheben;
hören Herzen kraftvoll schlagen,
spüren Seelen kräftig beben...

Lyrische Dichtung (Lyrik) Elegie

Sinnliche Boten

Triebhaft überbringen sie,
die frohe Botschaft des Herrn,
so weit die Worte wehen...,
wir hören die Botschaft gern',
verstehen sie so sinnlich dann,
wenn wir Engel sehen.

Lyrische Dichtung (Lyrik) Lied

Warme Wesen

Engel sind so lieblich,
Engel sind so sanft,
Engel sind so friedlich,
Engel sind so warm und niedlich.

Lyrische Dichtung (Lyrik) Epigramm (Sinngedicht)

„Nimm mich in den Arm"

Bitte, nimm mich in deinen Arm,
Engel du !,
halt mich warm;
hab' mich lieb, reich deine Hand
mir sanft,
als rettenden Strand.

Lyrische Dichtung (Lyrik) Lied

Was Engel satt haben

Engel haben es satt zu weinen,
das Schlechte in uns zu verneinen,
wenn wir jenes lieblos wagen,
es in unserem Herzen tragen.

Lyrische Dichtung (Lyrik) Epigramm (Sinngedicht)

Mein Wunsch

Mein Wunsch ist ein Engel
der über mich wacht,
der mich versteht
und wahrlich vernimmt,
mich niemals auslacht,
welcher mich tröstet,
wenn ich traurig bin -
geduldig, bedacht,
mich zudeckt bei Kälte -
ganz warm und auch sacht.

Lyrische Dichtung (Lyrik) Lied

Engelsausdauer

Engel stehen vieles für uns durch,
lange Zeit wohlwollend ruhig,
wissen was um uns geschieht,
merken wenn unsere Seele flieht.

Lyrische Dichtung (Lyrik) Epigramm (Sinngedicht)

Durchdringende Engelsseele

Allzu sehr schmerzt mich
die Sehnsucht nach dem -
was sehnlich selig,
in mir will reifen,

auch wenn's noch nicht
ist zu begreifen,
bleibt es allerheiligst
in mir verborgen zu sehn',

für alles Liebe
und alle Lieben geborgen,
gibt's immer ein Wünschen
und ein Morgen.

Erreichende Engelsqual

So sich Engel quälen,
traurig in uns sehen,
haben wir das Wählen,
hinsichtlich guter / böser Seelen.

Eidetische Elemente

Himmlische Engel sind duldsam,
effektiv und auch warm,
gleichsam fleißig für ewig,
wunderbar sanft sowie selig;

offenkundig brav und ehrlich,
nie gemein, niemals gefährlich,
nicht durch Lüge belogen,
nur üppigem Seligsein gewogen;

Sorgenpflicht um jede Seele,
jeder einzelnen ihrethalben Wege,
sieghaft - Schritt für Schritt,
tapfer - Tritt um Tritt;

zuweilen in süßem Schlafe,
suchen wir wie Schafe,
die Arme ausstreckend, frei,
ihre Hände, süßlich, high.

Lyrische Dichtung (Lyrik) Elegie

Ehrgeizige, ehrerbietige Engel

Sie verbringen viel Zeit damit
Herzen zu heilen,
bringen uns unserthalben
Liebe zum Teilen,
machen mittelbar
sanfte Sachen zum Weilen,
fortdauernd in Zwischenwelten,
Wunderwelten,
und auch auf Erden,
halber unsertwillen
wegen Sterben...

Ergebenheit

Engel erweisen sich ergeben,
wenn sie Gottes Liebe
an uns weitergeben,
uns den Himmel nahe bringen,
mit Engelszungen
die Ewigkeit besingen.

Mondennacht

In einer klaren Mondennacht,
in fernen Breiten...,
bis hin bei uns hier,
sieh', die Engel,
schön und schier,
hör' ! ,pur im Herzen sie,
süß und auch sacht...

Lyrische Dichtung (Lyrik) Lied

Eine Engelsgeduld

Eine Engelsgeduld,
legt sich still,
ins weiche Herz,
und will,
dort weilen,
jedweder Stresssituation,
zur Hilfe eilen.

Dienstboten Gottes

Eine Engelschar,
bringt Gott gehorsam
ihre Dienste dar,
unterschiedlich,
und verschieden geschickt,
ganz und gar,
brav und bigott,
bloß bannig,
nur nah,
wahr und wunderbar,
im Geschehen unseres Bestehen',
fabelhaft engelhaft,
für und für,
fürwahr
...

Lyrische Dichtung (Lyrik) Epigramm (Sinngedicht)

Engel - Einfluss

Fraglich, kühn, kühl und himmelblau,
empfinde ich den Himmel lau,
aber an Engel zu denken,
bewirkt, warme Liebe zu schenken.

Mitgefühl mit einem Engel

Engel trauern um uns
ununterbrochen und immer,
wir haben davon leider
nicht viel Schimmer,
wie sehr sie stet unserthalben
traurig sein können,
um uns lieb,
geborgenes Glück
zu gönnen.

Ein Engel-Heil

Wenn du willst,
weißt du um sie,
nicht immer,
aber auch niemals nie,
erweckst du indirekt
selbst das Los in dir,
das dich trägt in ihr
mittelbar -
wählbares -
herzheimatliches
Quartier....

Ein Engel / high

Bist du womöglich
wirklich wahr ?,
meiner Seele
stet so nah ?,
auch immer
für mich da ?,
bringst Segen,
Engel du dar ?,
ich tu' gerne glauben,
ja!

Epische Dichtung (Epik) Essay

Butterblumen

Butterblumen weich wie samt,
Dotterblume auch genannt,
orangegelbe Blütenpracht,
schmeichelt der Sonnenwonne sacht,
so die Blümlein blühen fein,
schmückt sie heller,
holder Wärmeschein,
vom Sonnenlicht Glanzes
rührig rein.

Zart und zag wohl jede Pflanze
blühend begehre,
dass sie einst folglich,
ein wunderschöner
Blumenengel werde.

Lyrische Dichtung (Lyrik) Lied

Engel aus Gold

Ein Engel aus Himmelsgold,
so schön und hold,
es ist sein Herz,
so golden,
selbst noch im Schmerz.

Engelstrauer

Wenn Engel trauern,
fällt herab vom Himmelsdach -
ein Erschauern;
sind Engel traurig,
wird's uns in unserer Seele
schaurig.

Epische Dichtung (Epik) Essay

Interne Initiative -
Engelgleiche Entschlusskraft

Ich fühl' mich wie in Trance,
entwickle so die Chance -
die nach ehrlichen Engeln
sinnt,
damit der Wehmut mein:
ein Ende nimmt,
gleichwohl wie feinkörniger
Sand,
durch meine Hand,
lockertrocken rinnt.

Paradiesische Landschaft

Am Himmel streift seinen Weg:
ein bunter Regenbogen,
am Meer schmettern dahin,
reißende Wellen und Wogen.

Ein Rotoranger Sonnenuntergang
blendet mich,
durchstreift meine Augen,
in einem fernen Traum sehe ich,
himmlisch reine, weiße Tauben.

Geflügelte Pferde fliegen davon,
geistern leise ,voller Wonne.
an mir vorbei, mit seliger Ruh',
ein unbekannter Engel,
reißt mich aus dem Traum -
im Nu.

Epische Dichtung (Epik) Erzählung

Wunderwerk

Welch „Schillernder Schein"?!,
umwirbt meine Seele?!,
mein gänzliches Sein?!,
erwächst sosehr er
erträglich erwacht?!,
ganz wunderbar,
sanft und auch sacht...

So viele sinnliche Träume
brechen drein!,
sachte,
durch mein
seligsüßes Sein!,
wenngleich es sogar
manches Mal plagen es:
Gram und Kummer,
bleibt es dennoch wahrlich,
ein wahres Wunder.

Ein lauterer Liebtrost,
mir ein Engel wäre,
der käme zu mir bei Mondenschein,
des Nachts daher,
ich tät' fühlen, oh ja,
glückselige Lieb' -
wie warmer Gesang,
ohne Zweifel, ohne Bang'...

Lyrische Dichtung (Lyrik) Elegie

„Engelsblut"

Verbrannt von frommer Glut,
verletzt und gequält von wüster Wut,
geflossen bei banger Geburt,
das ist, erleidet, und tut Engelsblut,
wo immer unfrei, frei,
mild und auch wild es ruht.

Wird es in guten Menschen,
nun neuerlich geschworen,
ward es ja jäh in bösen Menschen,
schon seit ein ewig Gestern gestorben.
Doch Tag für Tag,
wird es in netten Menschen,
großartig neu geboren.

Allen und auch allem,
tut Engelsblut,
bis in alle Ewigkeit,
ewiglich gut;
ganz nach Gottes Gefallen!

Lyrische Dichtung (Lyrik) Elegie

„Racheengel"

Engel der Rache
sind kühne Rächer des Lichts,
sind lautere Lichtgestalten
des Gottesgerichts,

individuell auf ein Wesen
und seine Art bezogen,
sind sie selbst
großen Gefahren gewogen,

Racheengel, strotzen geradezu
nur so vor Mut,
indem sie Rechtlose rächen,
schlägt ihr Herz süß und gut.

Doch trotz ihrer immensen Antriebskraft
Zum Guten hin,
liegt ihnen oft auch ein Hauch
von anrüchiger Rache im Sinn;

denn selbst bei viel viel
inwendiger Gerechtigkeit,
vergessen sie niemals derer Zeitlichkeiten
ruchlose Schlechtigkeit.

Lyrische Dichtung (Lyrik) Epigramm (Sinngedicht)

Krieg der Engel

Die guten Engel des Lichts,
streiten sich angesichts:
der bösen Engel der Finsternis...;
die in karger Düsternis,
weilen, und sich zuweilen,
um die Gunst „des Argen" keilen.

Die Lieben Engel,
stets hoffnungsfroh und warm,
sind stet,
dem Lieben Gott zugetan,
hängen an uns alle,
halten uns fest im Arm.

Lyrische Dichtung (Lyrik) Elegie

„Glück"

Engel die bei uns sind,
sind wie der Wind geschwind,
mal hier, mal dort Vorort
wachen über uns - äußerst besorgt.

Wir dürfen uns glücklich schätzen,
dass sie das Böse hetzen,
es nach Gottes Willen vertreiben,
damit wir alle selig bleiben.

Lyrische Dichtung (Lyrik) Epigramm (Sinngedicht)

Inhaltsverzeichnis